prac

Allen Carr, de profesie contabil, fumător de până la 100 de țigări pe zi, a încercat zadarnic, de nenumărate ori, să se lase de fumat, până când, în 1983, a descoperit METODA UȘOARĂ (EASY WAY) care îi poartă astăzi numele. A înființat o rețea internațională de clinici Allen Carr pentru vindecarea fumătorilor de adicție, a extins METODA UȘOARĂ la alte situații (controlul greutății, dependența de alcool etc.), a publicat cărți – traduse ulterior în peste 20 de limbi –, însoțite adesea de versiuni audio sau video. Printre bestsellerurile sale se numără *Allen Carr's Easyweigh to Lose Weight*, *Allen Carr's Easy Way to Stop Smoking*, *The Only Way to Stop Smoking Permanently*, *How to Stop Your Child Smoking* și *No More Fear of Flying*. Editura Humanitas a publicat *În sfârșit nefumător* (2004; apărută sub formă de audiobook, în 2009, la Humanitas Multimedia), *Greutatea ideală* (2011), *În sfârșit nefumătoare* (2013) și *În sfârșit fără alcool* (2016).

Gata cu frica de avion!

METODA UȘOARĂ a lui ALLEN CARR

Traducere din engleză de
IANINA MARINESCU

HUMANITAS
BUCUREȘTI

Redactor: Oana Bârna
Coperta: Ioana Nedelcu
Tehnoredactor: Manuela Măxineanu
Corector: Andreea Niță
DTP: Emilia Ionașcu, Dan Dulgheru

Tipărit la Real

Allen Carr
No More Fear of Flying

Descrierea CIP a Bibliotecii Naționale a României
Carr, Allen
Gata cu frica de avion!: metoda ușoară a lui Allen Carr / Allen Carr; trad. din engleză de Ianina Marinescu. – București: Humanitas, 2018
ISBN 978-973-50-5961-3
I. Marinescu, Ianina (trad.)
159.9

EDITURA HUMANITAS
Piața Presei Libere 1, 013701 București, România
tel. 021/408 83 50, fax 021/408 83 51
www.humanitas.ro

Comenzi online: www.libhumanitas.ro
Comenzi prin email: vanzari@libhumanitas.ro
Comenzi telefonice: 021 311 23 30

Lui Sir Richard Branson,
cu mulțumiri pentru cei peste 20 de ani extraordinari
în care a susținut metoda ușoară a lui Allen Carr.

Introducere

Frica de avion e o stare debilitantă care poate să aibă un efect devastator asupra vieții tale. Cei cărora le este frică să zboare trec prin iad de fiecare dată când se suie într-un avion ori evită cu totul zborul cu avionul, adică nu ajung să se bucure de minunatele experiențe pe care le oferă: să vadă lumea, să-şi viziteze prietenii şi rudele din locuri îndepărtate, să profite de oportunități de afaceri.

Demult, cei care se temeau de apă aveau impresia că, dacă navigau prea departe spre vest, aveau să cadă dincolo de marginea lumii. Ştim acum că această frică nu avea un fundament real, şi totuşi, pentru acei navigatori era foarte reală şi perfect rațională. Şi frica ta de avion e la fel de reală şi de înțeles, dar, aşa cum voi explica în această carte, e la fel de întemeiată precum credința că Pământul e plat.

Ai auzit că zborul cu avionul e cea mai sigură dintre toate formele de transport, şi cu toate astea nu eşti convins. Scopul acestei cărţi e să te convingă nu recurgând la trucuri ingenioase şi la jocuri mintale, ci prin aplicarea unei metode care şi-a dovedit de nenumărate ori eficienţa.

Metoda uşoară a lui Allen Carr a ajutat mii de persoane să se lase de fumat, să renunţe la alcool şi la alte droguri, precum şi să nu mai joace jocuri de noroc, să nu mănânce excesiv şi să nu mai facă datorii.

Ea funcţionează prin dezvăluirea ideilor preconcepute care-i fac pe oameni să creadă că obţin vreun beneficiu din însuşi lucrul care le face rău.

În această carte se aplică aceeaşi metodă pentru a dezvălui ideile preconcepute care te fac să crezi că zborul cu avionul e periculos, în ciuda tuturor dovezilor contrare. Spre deosebire de alte metode, nu necesită voinţă.

Tot ce trebuie să faci e să citeşti cartea şi să urmezi toate instrucţiunile – şi n-ai cum să nu te vindeci de frica de avion.

Eşti gata? Atunci să pornim!

Cine are nevoie de avioane?

E greu de crezut că zborurile comerciale există de mai puţin de o sută de ani – iar de pe vremea când primele avioane cu elice au transportat pasageri de la Londra la Paris domeniul s-a dezvoltat dincolo de orice aşteptări. În prezent, peste 90 000 de avioane decolează ÎN FIECARE ZI de pe circa 9 000 de aeroporturi din toată lumea! În orice moment există nu mai puţin de 13 000 de avioane în aerul de deasupra planetei noastre.

Fie că se deplasează pentru afaceri, în vacanţă sau ca să-şi viziteze prietenii şi rudele, milioane de oameni se bazează pe zborul cu avionul ca să ajungă unde doresc. Şi, cu mici excepţii, cu toţii aterizează în siguranţă la destinaţie.

Viața fără avion

Când ți-e frică să zbori cu avionul, îți rămân două variante:

1. Să rămâi pe sol.

2. Să strângi din dinți și să treci prin coșmarul pe care-l reprezintă pentru tine zborul.

Dacă alegi varianta 1, fie ratezi toate minunatele ocazii pe care lumea le are de oferit, fie pierzi zile și săptămâni din viață recurgând la moduri mai lente de transport, care-ți mănâncă din timpul pe care l-ai putea petrece simțindu-te bine odată ajuns la destinație.

Dacă alegi varianta 2, vei fi probabil atât de chinuit de neliniște, încât o să-ți strici întreaga călătorie.

Metoda care are efect

Cu metoda ușoară a lui Allen Carr nu va mai trebui să accepți fie iadul, fie autostrada. Această metodă îți va permite să scapi de toate fricile legate de zborul cu avionul și să devii nerăbdător să te sui la bord și să-ți iei zborul.

Metoda te ajută să-ți învingi cu ușurință frica de avion. Tot ce trebuie să faci e să urmezi o serie simplă de instrucțiuni. Sunt nouă instrucțiuni în total.

Cea mai importantă instrucțiune

Prima instrucțiune: urmează toate instrucțiunile.

Asta poate să sune superficial, dar nu e așa. Metoda funcționează precum cifrul unui seif. Dacă-ți dau combinația și tu o urmezi în ordine și integral, seiful se va deschide cu ușurință. Dar dacă ratezi oricare dintre cifre sau le folosești în ordinea greșită, seiful va rămâne închis pe vecie.

Prima instrucțiune e cea mai importantă. Urmeaz-o și n-ai cum să dai greș.

Următoarele două instrucțiuni

A doua instrucțiune: fii deschis la minte!

Pune la îndoială tot ce crezi că știi despre zborul cu avionul.

Pune la îndoială tot ce-ți spun în această carte. Încearcă să nu hotărăști într-un fel sau altul până nu termini cartea. Metoda se bazează pe o logică bine întemeiată. Trebuie să-i lași logicii spațiu de manifestare.

A treia instrucțiune: pornește la drum cu o dispoziție veselă!

Trebuie să ai încredere în mine. Nu se întâmplă nimic rău. Nu ți se va cere să recurgi la rezervele tale de voință sau de curaj. Tot ce trebuie să faci e să urmezi instrucțiunile. Gândește-te la toate lucrurile minunate pe care le ai de câștigat.

Vindecarea celei mai mari frici din lume

Această metodă a fost concepută inițial pentru fumat, dependența numărul unu din lume. A devenit un fenomen global. A ajutat milioane de fumători să se lase cu ușurință de fumat fără să recurgă la voință, prin eliminarea ideilor preconcepute din jurul dependenței de nicotină. În acest fel a înlăturat frica fumătorilor de a se lăsa de fumat.

În cazul tău nu e vorba de dependență, ci de o frică provocată de idei preconcepute. Această metodă va scoate la iveală acele idei preconcepute și va înlătura frica.

Ce are în comun zborul cu fumatul?

Într-un anumit sens, frica de a zbura cu avionul şi dependenţa de nicotină sunt complet opuse. Fumatul e un mod de petrecere a timpului în care riscul de deces de 50% nu-i împiedică pe fumători să fumeze; zborul cu avionul e un mod de petrecere a timpului pe care oamenii îl adoră, dar riscul de deces de sub unu la câteva milioane îi împiedică s-o facă.

Cu alte cuvinte... să convingi pe cineva să se lase de fumat înseamnă să încerci să-l convingi să se lase de ceva ce crede că-i face plăcere – pentru că e periculos.

Să convingi pe cineva să-şi depăşească frica de avion înseamnă să încerci să-l convingi să facă ceva ce detestă – pentru că nu e periculos.

În două direcții

Ironic, sunt milioane de oameni care se luptă cu ambele. De fapt, cu cât se gândesc mai mult la zborul cu avionul, cu atât le vine să fumeze mai mult. Îți vor povesti toate minunățiile pe care li le oferă fumatul. Totuşi, întrebați dacă şi-ar încuraja copiii să fumeze, ar răspunde în unanimitate: NU!

Problema e că mintea lor e atrasă în două direcții: partea rațională le spune că n-ar trebui să fumeze, iar partea irațională îi convinge că trebuie să continue.

Cei cărora le e frică de avion suferă de o confuzie asemănătoare: partea rațională a creierului le spune că zborul nu e riscant, iar partea irațională le spune că este.

Alege corect!

Prin urmare, ai de ales. Alătură-te părții raționale a minții sau rămâi de partea irațională. Fumătorii, în pofida celor mai mari eforturi ale lor, sfârșesc de regulă prin a-și urma în continuare dorința irațională de a fuma. Vrei să-ți petreci tot restul vieții ratând toate plăcerile mirifice pe care ți le oferă zborul cu avionul pentru că rămâi de partea irațională a creierului?

De ce fumează oamenii?

În ciuda tuturor studiilor despre diversele tipuri de fumători, există un singur motiv pentru care oamenii fumează: cred că asta le oferă plăcere sau sprijin de vreun fel. Se tem că, dacă se lasă, viața va deveni insuportabilă.

Şi cred asta pentru că li s-a spălat creierul neîncetat încă din ziua în care s-au născut.

Comparația pe care am făcut-o la pagina 15 se bazează pe două informații false.

Adevărul e că:

1. Fumatul nu e un mod de petrecere a timpului, e o dependență.
2. Fumatul nu oferă nici o plăcere; doar fumătorii cred asta.

Când înțelegi acest adevăr e uşor să te laşi de fumat.

Elimină confuzia

Metoda uşoară a lui Allen Carr funcţionează prin dezvăluirea spălării pe creier, înlocuind-o cu adevărul. Îndată ce priveşti dincolo de iluzie şi vezi adevărul, îţi schimbi pentru totdeauna felul de a gândi.

Fumătorii rămân fumători pentru că fac alegerea greşită. Aleg iraţionalul în defavoarea raţionalului. Cu această metodă nu ai de făcut nici o alegere. Convingerea iraţională că fumatul oferă plăcere sau sprijin dc vreun fel este eliminată şi înlocuită cu cunoaşterea faptului că fumatul nu oferă nici o plăcere şi că, de fapt, amplifică sentimentul de nesiguranţă.

Prin eliminarea convingerii iraţionale care te face să-ţi fie frică de avion, poţi pur şi simplu să te bucuri de toate avantajele zborului.

O frică fără fundament

La fel ca fumatul, frica de avion se bazează pe nişte convingeri false.

Fumătorii se tem că fără fumat nu vor mai putea să se relaxeze, să se concentreze, să se bucure de ieşirile în societate, să savureze o mâncare şi o băutură etc.

Cei cărora le e frică de avion se tem de motoare stricate, probleme mecanice, eroare umană, intervenţii divine, acţiuni teroriste, chiar dacă legile naturii îi contrazic.

Toate astea sunt, în sine, frici raţionale, dar, aşa cum fricile fumătorului sunt poziţionate greşit în termeni de renunţare la fumat, fricile tale n-au nici o relevanţă când e vorba de zborul cu avionul.

Înlăturarea simptomelor, neglijarea cauzei

Dacă ai avea o durere de măsea, dentistul ar putea să-ți dea un analgezic pentru calmarea durerii cumplite, dar, dacă apoi n-ar face nimic pentru îndepărtarea cauzei durerii, ai reveni zi de zi plângându-te de aceeași suferință.

Alte metode urmează aceeași abordare în privința fricii de avion. Încearcă să te ajute să-ți depășești frica astfel încât să faci călătoria respectivă, dar reușesc doar să trateze simptomele, și nu cauza.

Această metodă nu te ajută să-ți depășești fricile, ci le înlătură cu totul.

Știu că nu e riscant să zbori, dar tot mi-e frică

E o frază pe care o vei auzi adesea de la cei cărora le e frică de avion. Este dovada confuziei de care vorbeam mai sus. Dacă ŞTII că un lucru nu e riscant, NU ți-e frică de el.

Adevărul e că persoane foarte respectabile, de care nu ai motiv să te îndoieşti, ți-au spus că nu este riscant să zbori cu avionul... şi totuşi nu eşti convins. În continuare ți-e frică şi crezi că ESTE riscant.

Trebuie să te scăpăm cu totul de această frică.

Nu ești singur

Frica de avion îți poate da un puternic sentiment de izolare. Societatea tinde să râdă pe seama oricărei manifestări de frică, rezultatul fiind că ne ascundem fricile de ceilalți. Sau, şi mai rău, nu ascultăm de fricile noastre şi ne expunem la situații de coşmar şi adesea periculoase doar ca să facem impresie bună.

Nu e nimic anormal şi nici măcar neobişnuit în frica de avion. De fapt, oricine susține că nu a simțit-o nici măcar o dată în viață e ori nebun, ori mincinos.

Frica îți salvează viața

În calitatea sa de cea mai puternică făptură de pe planetă, ființa umană este dotată cu mai multe forțe călăuzitoare care o ajută să-şi asigure supraviețuirea. Una dintre aceste forțe este frica. Frica ne protejează de pericol. Fără ea n-am vedea pericolul pe care-l reprezintă înălțimile, apa, focul, animalele de pradă şi aşa mai departe.

Frica este reperul instinctului nostru de „luptă sau fugi!". Ea declanşează un val de hormoni precum adrenalina, care ne fac imediat şi pentru scurt timp mai puternici, mai rapizi, mai alerți. Fără frică am fi vulnerabili.

Dar mă simt laș...

Curajul nu e acelaşi lucru cu lipsa fricii. Curajul înseamnă să acționezi în pofida fricii. Dacă nu vezi vreun pericol într-o situație, nu ai nevoie de curaj ca să te salvezi.

Iată scopul acestei cărți: să-ți schimbe felul de a gândi, astfel încât să nu mai vezi un pericol în zborul cu avionul şi, prin urmare, să nu mai ai nevoie să recurgi la nici un strop de curaj.

Asta nu înseamnă că o să te fac insensibil la pericolele zborului cu avionul; înseamnă că o să te ajut să-ți dai seama că pericolele sunt atât de mici, încât nu merită luate în considerare.

Gorila și oglinda

La grădina zoologică, o gorilă se vede pentru prima dată reflectată în oglindă şi crede că vede un rival. Reacţionează cu frică şi agresivitate, exact ca în faţa unui rival adevărat.

Foarte curând, ajunge să-şi dea seama ce e în oglindă, o reflexie a sa, iar comportamentul i se schimbă. Nu mai interpretează ceea ce vede în oglindă ca pericol, aşa că nu i se mai declanşează frica.

Odată ce ştii şi crezi că nu e periculos să zbori cu avionul, frica ta va dispărea.

Spune-le fricilor pe nume!

Frica de avion are diverse forme:

Frică de dezastru – o lipsă de încredere în capacitatea avionului de a se menține în aer

Claustrofobie – frică de spații închise

Lipsă de control – o lipsă de încredere în oamenii responsabili cu menținerea avionului în aer

Vertij – frică de înălțimi

Frică de foc – cum ajung pompierii la 10 000 de metri altitudine?

Intervenție divină – frică de vreme proastă, de erupții vulcanice etc.

Toate aceste frici pot fi grupate sub o singură denumire:

Frică de moarte.

De ce credem că zborul cu avionul este periculos

Probabil că ai auzit vechiul clişeu cum că zborul cu avionul este, statistic vorbind, cea mai sigură formă de transport. Şi atunci de ce unii îl percep drept periculos?

În rarele ocazii când lucrurile merg rău în aer, rezultatele sunt dramatice. Şi există două entităţi foarte puternice care prosperă de pe urma dramei: mass-media şi Hollywoodul.

Împreună, ele au născocit o imagine a zborului cu avionul, de la decolare la aterizare, sub forma unei mari tragedii. Mass-media îşi înfrumuseţează articolele cu titluri senzaţionale şi descrieri isterice; Hollywoodul INVENTEAZĂ drame despre dezastre aviatice.

Şi astfel se sădesc seminţele fricii.

Ai auzit-o pe-aia cu…?

Există nenumărate glume despre zborul cu avionul – şi fiecare dintre ele implică o disfuncţionalitate. Ne place să râdem în faţa dezastrului, aşa că inventăm dezastre care să ne dea ocazia să râdem.

Poate să pară un factor minor, dar şi el contribuie la ideea preconcepută că zborul cu avionul e plin de pericole.

Povestiri la prima mână

A, dar cum rămâne cu acei martori care spun nişte poveşti înfiorătoare despre experienţa lor din timpul unei crize petrecute în aer? Panică! Teroare! Haos!

Pune-ţi trei întrebări:

1. Cine distribuie astfel de relatări către publicul larg?
2. Ce crede martorul că se aşteaptă de la el?
3. Cum de e în stare, de fapt, să-şi spună povestea?

Răspunsul la întrebarea 1 este mass-media – şi nu uita că mass-media iubeşte drama. Cât despre întrebarea 2, dacă ai fost vreodată intervievat de un reporter, atunci ştii cum încearcă să te manipuleze cu întrebările lui. Iar la 3, răspunsul se impune de la sine: prin orice criză ar fi trecut, martorul a supravieţuit!

Scopul acestei cărți nu e să te facă un curajos

Scopul acestei cărți e să te scape cu totul de frică, nu să te facă s-o depășești.

Nu e o lașitate să reacționezi la frică îndepărtându-te de pericol. Exact așa suntem proiectați de natură să facem. Fricile tale sunt normale și reale. Nu și „faptele“ pe care se bazează acele frici.

Aceste „fapte“ ți-au fost băgate pe gât de mass-media, de Hollywood, de glume, dc divcrsc tipărituri și, desigur, de multe alte influențe. Dar adevărul irefutabil e că zborul cu avionul e atât de sigur, încât, după ce înțelegi și crezi faptele reale, va fi la fel de irațional din partea ta să te mai temi de avion cum e pentru gorilă să se teamă de reflexia ei în oglindă.

Limitări geografice

Faptele la care fac referire în această carte sunt legate de zborurile care se încadrează în ceea ce eu numesc „limitări geografice"; adică zboruri cu avionul pentru afaceri, de plăcere sau în vacanță, inclusiv zboruri charter, cu plecare din Europa, America de Nord, Australia şi Noua Zeelandă, incluzând şi zborurile de întoarcere de oriunde din lume, dacă zborul de întoarcere are loc cu aceeaşi companie aeriană ca zborul de plecare.

Deci nu includ aici zborurile cu elicopterul, cu balonul, cu dirijabilul, cu aeronavele militare, cu avioanele cu un singur motor, cu avioanele personale sau cu orice formă de planor.

Cu alte cuvinte, mă refer la tipul de zboruri cu avionul pe care le fac cei mai mulți oameni în viața lor normală, de zi cu zi.

Scapă de toate gândurile negative!

Dacă te-ai recunoscut citind despre fricile pe care le-am menționat la pagina 27, poate că ai văzut în asta dovada că ești slab sau laș, ori că-ți lipsește ceva ce oamenilor „normali“ nu le lipsește.

Scoate-ți un asemenea gând din minte!

Câtă vreme crezi că zborul cu avionul e periculos, fricile tale sunt perfect raționale și normale. Nu tu ești cel defect, ci spălarea pe creier la care ai fost supus.

Amintește-ți a treia instrucțiune: pornește la drum într-o dispoziție veselă.

Este un exercițiu de gândire pozitivă?

Nu este.

Gândirea pozitivă nu poate învinge o frică rațională. Singura modalitate de a face asta e să dezvălui ideile preconcepute care fac ca frica să pară rațională. Nu poți face asta dacă ești ros de îndoială de sine și de negativism. Trebuie să fii deschis la minte și să vezi lucrurile așa cum sunt de fapt. Aici intervine dispoziția pozitivă.

A patra instrucţiune

A patra instrucţiune: gândeşte pozitiv!

Nu uita că nu ai absolut nimic de pierdut. Dacă această metodă nu are efect în cazul tău, n-o să-ţi fie mai rău decât înainte.

Dacă are efect – şi nu poate da greş dacă urmezi toate instrucţiunile – vei obţine ceva minunat.

Dacă am fi meniți să zburăm, ne-am naște cu aripi

Poate că ești de părere că zborul cu avionul e împotriva legilor firii. Dar cu siguranță ideea asta exclude majoritatea celorlalte mijloace de deplasare. Roata nu e un produs al naturii, e făcută de om. Nu suntem proiectați de natură să iuțim pe șine cu peste 150 km/h, dar am creat modalități de a face asta.

Un lucru nenatural nu e neapărat și ceva riscant. De fapt, majoritatea medicamentelor sunt nenaturale. Ești de părere că medicina modernă e riscantă?

Dar să zbori cu avionul e altceva

De acord, nici unul dintre lucrurile nenaturale pe care le-am amintit nu presupune să te înalţi de la sol. Iar o înţelegere elementară a gravitaţiei ne arată că un obiect, cu cât e mai mare şi mai greu, cu atât e mai dificil de ridicat de la pământ şi cu atât face, când cade, o adâncitură mai mare.

Un avion este foarte mare şi foarte greu. Şi totuşi se înalţă de la sol – ai văzut cu ochii tăi. Aşa că trebuie să fie altceva la mijloc. Hai să încercăm să înţelegem ce anume.

Adevărul 1 despre zborul cu avionul

Adevărul e că o aeronavă, asemenea unui vapor, e în perfectă armonie cu legile naturii.

Dacă urmărești întrecerile automobilistice, atunci știi că una dintre dificultățile cu care se confruntă creatorii de mașini de curse e să le mențină pe sol. Orice obiect care se deplasează cu viteză mare are tendința naturală de a se ridica de la sol. Este efectul mișcării rapide a curentului de aer pe dedesubt. Gândește-te la o pălărie sau la o umbrelă într-o zi cu vânt.

Adevărul 2 despre zborul cu avionul

O aeronavă este astfel concepută încât să profite la maximum de acest fenomen natural. Aripile sale sunt astfel proiectate încât curentul de aer care circulă rapid pe sub ele să provoace o imensă forță portantă; iar dacă se înalță aripile, se înalță și restul avionului.

La fel ca în cazul mașinii de curse, marea întrebare e cum readuci avionul la sol.

Dar dacă nu mai bate vântul?

O pălărie sau o umbrelă este vulnerabilă la schimbările vântului. Un avion nu. De ce? Pentru că el își creează propriul curent de aer.

Viteza vântului e legată de viteza cu care te deplasezi. Într-o zi cu vânt, poți observa că e greu să mergi împotriva vântului, dar, de îndată ce te întorci și mergi în direcția lui, pare că nici nu mai bate vântul.

Motoarele uriașe ale avionului îl împing înainte cu o asemenea viteză, încât el depășește orice vânt, astfel că aerul continuă să curgă înapoi pe sub aripile sale.

Controlul vântului

Un avion nu numai că își creează propriul curent de aer, dar deține și controlul complet asupra vitezei acelui „vânt“. Prin ajustarea tracțiunii cu ajutorul motoarelor, pilotul poate mări sau micșora după cum dorește viteza curentului, ca să câștige sau să piardă înălțime.

Cu alte cuvinte, strunește natura.

Controlul formei

Pe lângă faptul că poate controla curentul de aer de sub aripile avionului, pilotul mai poate să controleze şi forma aripilor. Prin ridicarea flapsurilor sau coborârea spoilerelor, poate decide dacă acel curent va face aripile să urce sau să coboare.

În acelaşi timp, avionul e proiectat să zboare prin aer cu stabilitatea unei săgeți. Aşa cum penele de la capăt mențin săgeata stabilă în aer, coada avionului îl menține stabil în zbor. Forma ei este cât se poate de aerodinamică.

Vrei dovada? Privește în sus!

Toate astea pot să sune foarte bine în teorie, dar cum rămâne cu practica?

Dacă ai nevoie de dovezi, uită-te pe cer! În orice moment sunt vreo 30 000 de aeronave care zboară în deplină siguranță şi sub control total.

De la începuturile zborului cu avionul, acum mai puțin de o sută de ani, creatorii de aeronave s-au dedicat întru totul strunirii forței naturii şi controlului acesteia în cele mai mici detalii.

Decolarea și aterizarea

Întrebați care e cea mai periculoasă etapă a unui zbor cu avionul, cei mai mulți oameni vor presupune că decolarea şi aterizarea. Întrebarea e înşelătoare: nici o etapă a vreunui zbor efectuat în cadrul limitărilor geografice nu este periculoasă.

Totuşi, pentru că puținele accidente care au loc se întâmplă în timpul decolării sau al aterizării, creierul nostru e păcălit să creadă că aceste manevre sunt de fapt periculoase.

O uriașă marjă de siguranță

În cazul fiecărui zbor se efectuează un calcul al vitezei exacte la care trebuie să ajungă avionul înainte de a decola. Acest calcul se bazează pe greutatea avionului, a pasagerilor săi, a încărcăturii transportate şi a combustibilului.

Pilotul nu va încerca să decoleze până când avionul nu depăşeşte viteza respectivă cu circa 30%.

Dacă decolează la 240 km/h înseamnă că putea decola la 185 km/h. Marja de siguranță înlătură orice risc ca avionul să nu decoleze la comanda pilotului.

Cum rămâne cu ridicarea naturală în aer?

Dacă avionul se deplasează mai repede decât e necesar pentru a decola, atunci cum reuşeşte pilotul să-l ţină la sol?

Asemenea spoilerelor de pe maşinile de curse, spoilerele cu care sunt dotate aripile avionului direcţionează curentul de aer în aşa fel încât să creeze o forţă îndreptată în jos. Îndată ce e gata de decolare, pilotul acţionează flapsurile şi avionul se ridică de la sol.

Dar dacă se strică motorul?

Dacă avionul, ca să se ridice de la sol, se bazează pe curentul de aer de sub aripile sale şi dacă acest curent e creat de tracţiunea produsă de motor, e cert că, dacă se strică motorul, avionul se prăbuşeşte, nu-i aşa?

Nu-i aşa.

În primul rând, hai să vedem care e probabilitatea să se strice motorul. Procentul mediu de defectare a unui motor cu reacţie aparţinând unui avion modern ce efectuează zboruri în cadrul limitărilor geografice e de sub unu la 16 milioane de kilometri. Cei mai mulţi piloţi nu au parte de experienţa defectării unui motor niciodată, în întreaga lor carieră.

Motorul de rezervă

În rarele ocazii în care motorul chiar se defectează, un avion ce efectuează zboruri în cadrul limitărilor geografice are un avantaj semnificativ față de mașina ta: un al doilea motor – sau, în anumite cazuri, un al treilea ori al patrulea. În toate cazurile, un singur motor e suficient pentru a menține avionul în zbor.

Dacă toate mașinile ar avea un motor în plus, crezi că i-am mai vedea pe bieții automobiliști eșuați la marginea autostrăzii?

Riscul ca un avion să-și piardă ambele motoare în același timp e de unu la peste o sută de trilioane.

Efectul de săgeată

Când lansezi o săgeată în aer, aceasta se deplasează pe un arc. Nu ajunge într-un anumit punct ca apoi să coboare vertical.

Același lucru e valabil în cazul avionului. Chiar dacă anulezi complet forța de tracțiune a motoarelor, inerția îl va face să înainteze în continuare. În același timp, aripile continuă să-i asigure o oarecare ascensiune. Cu alte cuvinte, va aluneca prin aer.

Avioanele cu reacție moderne sunt proiectate ca să alunece. Nu cad vertical din cer.

Spațiu de manevră pe pistă

Dacă pilotul depistează un defect în timpul decolării, are cum s-o întrerupă înainte să părăsescă pista?

DA!

Dacă vrei dovada, du-te într-o zi la cel mai apropiat aeroport comercial și mergi pe platforma de observație. Vei vedea cât de puțin din pista disponibilă utilizează piloții când decolează și aterizează, iar și iar, indiferent de condițiile meteo, fără urmă de pericol.

Alte defecte mecanice

Asemenea motoarelor, orice funcție vitală de siguranță a aeronavei este dublată, triplată sau uneori cvadruplată. De exemplu, dispozitivul hidraulic care controlează trenul de aterizare, flapsurile şi altele este acționat de trei sisteme separate, şi oricare dintre ele poate să facă singur operația până la capăt.

Chiar dacă toate trei s-ar strica în acelaşi timp, există un sistem de urgență care-i permite avionului să aterizeze în siguranță.

Dacă se desprinde o aripă?

Asta ar fi o problemă. Aripile sunt vitale pentru a menține avionul în aer, așa că, deloc surprinzător, fabricanții fac verificări extrem de minuțioase pentru a se asigura că nu se desprind.

Asemenea oricărei componente vitale, și aripile sunt supuse unor teste de rezistență ce depășesc cu mult orice situații pe care le-ar putea întâlni în timpul zborului real.

Să-ți faci griji că o să cadă o aripă la 800 km/h e echivalent cu a-ți face griji că o să ți se rupă un braț dacă bate vântul cu 15 km/h. Pur și simplu nu se poate întâmpla așa ceva.

Temutele turbulențe

Chiar şi cei care au încredere în zborul cu avionul pot fi agasați de turbulențe. Intensitatea acestora poate merge de la o uşoară vibrație până la a-ți da senzația că avionul se prăbuşeşte! Vei fi instruit să-ți pui centura de siguranță. Se prea poate ca însoțitorii de zbor să se aşeze la locurile lor. În tot avionul se instalează o atmosferă de încordare. Suficient pentru ca toată lumea să se teamă.

Dar când înțelegi ce sunt turbulențele, frica dispare. Totul ține de înțelegerea faptului că ceea ce resimți nu e un semn de pericol.

Bine, ce sunt turbulențele?

Turbulențele apar când curenții de aer de afară se ciocnesc și se deplasează haotic. Cel mai probabil apar când avionul intră într-un nor, după decolare sau înainte de aterizare, ori când e vreme rea. Uneori apar când nu e nici un nor pe cer. Atunci se cheamă turbulențe de cer senin.

Oricât de inconfortabile pot fi, turbulențele nu reprezintă o amenințare pentru un avion cu reacție modern. Singurul pericol e să te lovești cu capul de ceva dacă avionul pierde brusc vreun metru – și de aceea ți se spune să-ți pui centura. În istoria aviației moderne, nici măcar un accident nu a fost provocat de turbulențe.

De ce ne înspăimântă turbulențele?

Motivul pentru care atâția oameni consideră turbulențele agasante este că par periculoase. Orice mișcare a avionului este amplificată mintal, așa că o infimă scădere în altitudine se simte ca o cădere de câteva zeci de metri. În loc ca avionul să urmeze prin aer o curbă aerodinamică, ți se pare că e zguduit dintr-o parte într-alta.

Senzația de pericol e cea care ne sperie. Când știi, dincolo de orice îndoială, că turbulențele nu sunt periculoase, acestea încetează imediat să te mai înspăimânte.

Dar golurile de aer?

A, da, golurile de aer – acele zone de vid sporadice, care înlătură orice susținere, căci nu mai circulă aer pe sub aripi. Golurile de aer sunt un mit. Fulgerul dă naştere unui vid timp de o miime de secundă înainte ca aerul să-l umple la loc. Este ceea ce produce sunetul tunetului. E imposibil ca vidul să existe în atmosferă mai mult de o fracțiune de secundă.

Mitul golurilor de aer se reduce la turbulențe, care fac avionul să piardă din altitudine. Ceea ce pare o cădere de câțiva metri nu este, de regulă, decât de câțiva centimetri.

Eroarea umană

Eroarea umană există în orice. Avem cu toții zile proaste. Nu e nevoie decât de un pilot nepriceput și toate acele măsuri de siguranță nu mai fac doi bani, nu?

Dar dacă pilotul a avut o zi proastă, are probleme acasă, nu prea a dormit cu o noapte în urmă sau, și mai rău, are o problemă cu alcoolul? Am văzut cu toții filmele. Când e vorba de un om, totul devine posibil.

Las-o baltă!

Știi cât e de greu să devii pilot?

Metoda ușoară de a deveni pilot

Iată o carte care nu va fi scrisă niciodată pentru simplul motiv că nu există o metodă uşoară de a deveni pilot. Procesul de selecţie şi formare pentru această carieră este incredibil de riguros. E un proces extrem de competitiv şi numai *la crème de la crème* poate să reuşească.

Odată calificaţi, piloţii trebuie să respecte un set de reguli şi regulamente stricte şi sunt susţinuţi de o echipă de experţi care fac pentru ei desfăşurătorul fiecărui zbor. Aşa că oricum nu controlează niciodată singuri zborul.

De ce piloții par mereu atât de calmi?

Pentru că *sunt* calmi.

Sunt calmi în sensul că nu sunt stresați. Programul prin care se stabilește când și cât timp zboară un pilot este atent planificat pentru a evita oboseala și stresul. Piloții sunt verificați regulat din punct de vedere fizic și psihic – mai regulat probabil decât în orice altă profesie – și se supun unor reglementări stricte privind consumul de alcool sau medicamente.

Când sunt la manșă, piloții se află în cea mai bună stare. Și, asemenea motoarelor, dacă unul cedează, mai există încă unul la fel de competent gata să preia controlul.

Pot să am încredere în echipa de la sol?

Da, poţi!

N-ar avea sens ca piloţii să treacă prin toate acele verificări la sânge dacă ar trebui să se bazeze pentru instrucţiuni pe nişte bufoni caraghioşi de la sol, nu?

Toate liniile aeriene moderne se conduc după standarde de siguranţă care nu lasă loc erorilor, iar personalul de la sol se mândreşte la fel de mult cu profesionalismul său ca şi piloţii.

Pe scurt, ori de câte ori zbori cu avionul, nu există mâini mai competente cărora să-ţi încredinţezi viaţa.

E suficientă o greșeală, nu?

Într-un cuvânt: NU!

O companie aeriană nu se joacă deloc cu siguranța călătorilor. Întregul sistem e conceput ca să compenseze eroarea umană. Dacă se face o greşeală, sunt atâtea straturi de măsuri de siguranță, încât greşeala e descoperită înainte de a ajunge să influențeze zborul însuşi.

Atunci când se face o greşeală, ea e investigată şi se instituie proceduri astfel ca, în mod sigur, să nu se mai producă şi altă dată.

Controlul traficului aerian

Imaginează-ţi o pistă pe care toate maşinile se deplasează cu aceeaşi viteză, pe aceeaşi bandă, cu un kilometru distanţă între ele. Îţi poţi imagina vreun accident acolo?

Aşa e controlat traficul aerian.

Auzim de controlorii de trafic aerian doar atunci când intră în grevă. Ar merita mai mult pentru ceea ce fac. Asemenea piloţilor şi personalului de la sol, sunt nişte profesionişti foarte bine instruiţi, susţinuţi de o mulţime de sisteme de siguranţă.

Ei nu fac greşeli.

Cum rămâne cu acele avioane care aproape că se ciocnesc în aer, de care tot auzim?

E vorba doar de situația în care avioanele sunt mai apropiate decât distanța stipulată. Contrar dorințelor mass-mediei avide de dramă, asta nu înseamnă că vârfurile aripilor lor sunt gata să se atingă sau că practic își freacă boturile în aer. Nici pe departe. Incidența coliziunii în aer a avioanelor care zboară între limitările geografice amintite e de unu la mai multe miliarde de zboruri. Iată cât e de mare marja de siguranță cu care operează controlul traficului aerian în toată lumea.

Amenințarea teroristă

Au existat exemple oribile de deturnare şi de sabotare a zborurilor curselor comerciale moderne, de aceea măsurile de siguranță ale liniilor aeriene sunt acum cu mult mai stricte decât în cazul oricărui alt mijloc de transport.

Înainte de 9/11, agenții de securitate din aeroport verificau 5% dintre bagaje. În prezent se verifică 100% dintre bagaje. În plus, tehnologia depistării de explozivi şi alte arme a avansat considerabil, iar nivelurile de securitate de care orice posibil terorist trebuie să treacă s-au înmulțit semnificativ.

Ceața

Dacă suferi de frică de zbor, nu-ți face bine să auzi că există o probabilitate de a fi ceață în zona unde zbori.

Ceața e preferata celor de la Hollywood: am văzut cu toții imaginea pilotului derutat, care încearcă să-și croiască drum prin ceața deasă, când deodată îi apare în față un munte, prea târziu ca să-l evite.

Iese o dramă foarte bună, dar n-are nimic de-a face cu zborul modern cu avionul în cadrul limitărilor geografice.

Evitarea ceții

E mult mai puțină ceață pe aeroporturi în ultima vreme datorită legislației antipoluare, dar nu uita că reglementările zborului cu avionul sunt concepute pentru a exclude orice factor de risc. Dacă există pericol de ceață sau alte condiții atmosferice care amenință siguranța zborului, avionul nu va decola.

Înaintea fiecărui zbor se face un plan care ține seama de condițiile meteorologice pe parcursul întregului zbor. Acest plan se bazează pe informații extrem de precise. Acolo unde există vreo amenințare de vreme rea se planifică o rută de zbor care s-o evite.

Piloții n-au nevoie să vadă încotro merg

Spre deosebire de pilotul neajutorat din filme, piloții moderni nu văd unde merg uitându-se pe geam. Tehnologia care ghidează avioanele din punctul A în punctul B le permite piloților să decoleze şi să aterizeze chiar dacă vizibilitatea este zero.

Instrumentele din carlingă le dau piloților coordonatele exacte şi altitudinea, iar ei se pricep atât de bine să se folosească de ele, încât pot să ghideze avionul să aterizeze ca într-un joc video.

Ceața nu e în nici un fel motiv de alarmă.

Dar dacă avionul rămâne fără combustibil?

Iată situația în care ideea de a fi în aer pare mult mai periculoasă decât aceea de a conduce o mașină. Când mașina nu mai are combustibil poate să hârâie puțin și apoi să rămână neputincioasă pe marginea drumului. E neplăcut și te simți prost, dar în cele mai multe situații nu e periculos. Să rămâi fără combustibil la 10 000 de metri altitudine e cu totul altă poveste.

Sigur că e! Tocmai de aceea se fac niște calcule atente înainte de fiecare zbor: pentru a avea certitudinea că avionul are la bord mai mult combustibil decât e necesar călătoriei și suficient în plus pentru situații neprevăzute.

Și dacă sunt scurgeri din rezervor?

Riscurile unor scurgeri de combustibil din rezervor care să apară în aer sunt infime. Aceste componente sunt verificate mult mai riguros decât verifici tu componentele mașinii. Când s-a întâmplat ultima dată să ai scurgeri de combustibil din rezervorul mașinii?

Echipa de zbor monitorizează permanent consumul de combustibil. Prin urmare, în eventualitatea improbabilă a apariției unei scurgeri, ei sesizează rapid problema și, dacă e nevoie, deviază cursul pentru a ateriza în siguranță pe cel mai apropiat aeroport.

Dar dacă avionul e la mii de kilometri distanță de orice teritoriu?

Nu va fi. Chiar şi traseele de zbor care străbat cerul marilor oceane trec prin apropierea unor baze aeriene, precum cea de pe Insula Ascension din mijlocul Atlanticului, folosită în trecut pentru opriri de realimentare cu combustibil.

Majoritatea rutelor aeriene, deşi se află deasupra mării din motive de zgomot şi de economie, sunt tot timpul la distanță de câteva sute de kilometri de zone teritoriale. Nu am reuşit să găsesc nici un incident aviatic din cadrul limitărilor geografice în care aeronava să fi trebuit să aterizeze forțat pe mare.

Ai vertij?

Doar până se opreşte autobuzul.

Poţi să le mulţumeşti actorilor comediei The Goons[1] pentru gluma asta. Dar vertijul sau frica de înălţime nu e o glumă pentru cei care suferă de aşa ceva. Asemenea tuturor fricilor de care ne-am ocupat până acum, vertijul nu are nimic iraţional, deşi chiar ar trebui să-i dăm o altă denumire: nu e atât frică de înălţime, cât frică de a nu cădea.

Dacă senzaţia că eşti departe de sol te face să-ţi fie frică, e rezonabil ca zborul cu avionul să ţi se pară înspăimântător.

Dar mulţi oameni care au vertij nu simt nici un fel de frică în avion.

1. Emisiune britanică celebră, difuzată la radio în anii 1950. (*N.t.*)

Frica de a cădea

Nu înălţimea în sine e cea care induce frica, ci posibilitatea de a cădea şi de a te lovi de sol. Cu alte cuvinte, frica de moarte.

Înălţimea nu înseamnă pericol. Să luăm ca exemplu Lacul Titicaca.

Dacă ai sta pe malul lacului, n-ai avea deloc senzaţia de vertij. Cu toate astea, ai sta la 3 812 metri peste nivelul mării.

Totuşi, ar fi ciudat să stai pe o margine îngustă, la 50 de metri înălţime, şi să nu simţi că ţi-e frică.

O chestiune de încredere

Vertijul se reduce la încredere: încrederea în integritatea structurii pe care stai şi încredere în sine.

Pentru cel care suferă de vertij, un balcon sau o frânghie nu sunt de încredere. Nu trebuie decât ca balustrada să cadă ori frânghia să se rupă, sau ca tu să te apleci prea mult – şi gata, ai căzut.

Sigur, nu aşa stau lucrurile, dar dacă nu ai încredere în structura care te susţine vei avea un sentiment de pericol, rezultatul fiind frica. Şi la fel, dacă te simţi complet în siguranţă, nu-ţi va fi frică de înălţime.

De ce unii dintre cei care suferă de vertij nu au frică de avion

Dacă ar fi vreo urmă de adevăr în faptul că ai putea să cazi din avion în timpul zborului, n-ar trebui să suferi de vertij ca să-ți fie frică. Oricine cu capul pe umeri ar fi îngrozit la gândul că ar putea să se aplece şi să cadă pe pământ de la mii de metri.

Numai că oamenii nu cad din avioane. Eşti în siguranță într-o cabină închisă etanş şi mergi împreună cu avionul unde te duce el.

Odată ce ai înțeles şi te-ai convins că poți avea încredere că un avion rămâne în zbor, că forțele naturii îl țin în aer, nu te vei mai teme de pericolul de a cădea.

Dacă ai ști dinainte că avionul va ateriza în siguranță, te-ai mai teme să zbori?

Un număr surprinzător de mare de oameni răspund *da* la această întrebare.

De ce?

Pentru că nu sunt întru totul convinşi că informaţiile lor sunt adevărate. Iar motivul este că nu-şi dau voie să vadă faptele concrete. Nu au mintea deschisă.

Dacă e şi cazul tău, aminteşte-ţi de instrucţiunile trei şi patru. Porneşte la drum într-o dispoziţie veselă şi gândeşte pozitiv. Dacă îţi menţii o dispoziţie negativă, vei continua să le dai voie ideilor preconcepute să umbrească faptele.

Estimează probabilitatea!

Ştii că probabilitatea să ţi se întâmple ceva rău în timpul zborului e infimă, totuşi te-ai convins singur că, dacă există un risc de unu la un miliard, acel unu te priveşte pe tine.

Dacă te-aş întreba cum crezi că vei muri, ai pune „accident de avion“ în capul listei? Ar fi asta măcar pe lista ta? Nu? Atunci n-are nici o logică să crezi că eşti în pericol de moarte îndată ce pui piciorul într-un avion!

A cincea instrucțiune

Cum te simți când te sui într-un tren? Nerăbdător, probabil, dacă te duci într-un loc aparte. De cele mai multe ori ne suim în tren fără să ne gândim măcar cum ne simțim. Nu ne torturăm singuri cu gânduri inutile despre dezastrele care se pot abate asupra acelui tren sau asupra tuturor trenurilor.

Să iei avionul e la fel. De fapt, e mult mai sigur. Iată prin urmare a cincea instrucțiune: îndrăzneşte!

Acceptă faptul că o să iei avionul cu prima ocazie, indiferent dacă-ți place sau nu. Acum ai de ales: să te torturezi singur cu gânduri negative sau să-ți umpli mintea cu toate faptele pozitive şi să mergi înainte.

Când te arunci în apă

Să scapi de frica de avion e uşor dacă urmezi toate instrucţiunile, dar nu te subestima.

În viaţă sunt multe lucruri pe care învăţăm să le facem, iar procesul de învăţare înseamnă să dăm la o parte o anumită doză de frică. Înotul, mersul pe bicicletă, examenul auto sunt exemple de acest fel. La început ne e frică şi suntem neliniştiţi că nu vom fi în stare, dar, când reuşim, bucuria e nemăsurată.

O astfel de bucurie te aşteaptă!

Care e ideea

Ca să adopţi mai uşor o dispoziţie pozitivă, gândeşte-te la toate beneficiile extraordinare de care vei avea parte după ce scapi de frica de avion. Vei putea să vezi lumea, să ajungi mai repede în anumite locuri, să-ţi vizitezi prietenii şi rudele pe care poate că nu i-ai mai văzut din cauza fricii, precum şi să te bucuri pur şi simplu de uluitoarea senzaţie de a zbura prin aer într-un confort deplin.

A şasea instrucţiune se referă la ideea de bază a zborului cu avionul: bucură-te de el!

Ai atât de mult de câştigat!

Claustrofobia

Pentru unii dintre cei care se tem să zboare, frica de a ajunge într-un spațiu închis e cea care-i ține departe de avion.

O aeronavă este, desigur, un spațiu închis, dar, dacă frica ar privi exact asta – să te afli într-un spațiu închis –, atunci de ce aceiași oameni nu se tem de toaletele strâmte sau de cabinele de probă din magazine?

De fapt, cele mai multe magazine sunt mai mici decât cabina pasagerilor dintr-un avion, și totuși nu auzi de claustrofobi care nu intră în magazine!

Ce reprezintă spațiul închis?

Gândește-te și la alte locuri care declanșează claustrofobie:

Lifturi
Telecabine
Tuneluri
Metrouri

Toate aceste exemple sunt ceva mai mult decât un simplu spațiu închis. Sunt situații în care îți poți imagina și alte pericole, cum ar fi ruperea cablului telecabinei sau prăbușirea tunelului. Nu cumva frica de-a fi îngropat de viu e cea care cauzează claustrofobia într-un tunel? Nu cumva frica de a nu se prăbuși liftul sau telecabina e cea care te face să te simți claustrat în aceste situații?

Nu te mai gândi la ce-ar putea merge rău!

Frica de a fi îngropat de viu sau de a te prăbuşi e absolut normală şi raţională. Ce nu e raţional e să te îngrijorezi că aşa ceva s-ar putea întâmpla în situaţiile menţionate.

Oamenii care fac lifturi au o singură preocupare predominantă: siguranţa tuturor celor care se suie vreodată în acel lift. Ei vor fi ţinut seama de posibilitatea de a se rupe cablul şi vor fi luat măsuri de siguranţă în acest sens. Aşa cum avioanele au mai multe motoare, lifturile au mai multe cabluri, fiecare fiind suficient de puternic pentru a susţine de unul singur liftul.

Pericolul la care te gândeşti nu există.

Înțelegerea înlătură frica

Dacă suferi de claustrofobie în avion, asta se întâmplă deoarece crezi că eşti în pericol. Am explicat de ce pericolele zborului cu avionul pe care le percepi sunt atât de mici, încât nu merită să te preocupe. Când înțelegi şi crezi că zborul cu avionul nu e periculos, nu mai suferi nici de claustrofobie în avion – nu mai mult decât într-un restaurant agreabil.

Doar dacă crezi că avionul e inerent periculos o să-ți fie frică să te afli în spațiul închis pe care-l reprezintă.

Fă un test cu liftul!

Iată un test pentru a pune la încercare noile tale convingeri înainte de-a te apropia de un avion. Efectuează-l în lift.

Gândeşte-te că liftul nu e susţinut de un singur cablu, ci de şase sau poate opt, fiecare dintre ele suficient de puternic pentru a susţine liftul cu tot cu persoanele din el.

Gândeşte-te că proiectanţii liftului au luat toate măsurile posibile pentru a asigura siguranţa oricui merge cu liftul.

Cu aceste gânduri pozitive în minte, suie-te în lift şi bucură-te că mergi cu el.

Când ai scăpat de frica de lift ştii că vei putea scăpa şi de frica de avion.

Cum să zbori dincolo de frică

Nu toți cei cărora le e frică de avion evită cu totul să zboare. Unii curajoși se forțează să se suie în avion în pofida fricii. Trec prin iad și, în mod ironic, consideră că frica lor e semn de lașitate. Dar e chiar invers. Curajul înseamnă să acționezi în pofida faptului că ți-e frică.

Mai intră în joc și o altă frică: frica de a fi ridicol în fața celorlalți. Presiunea socială ne poate împinge să facem lucruri pe care de fapt nu dorim să le facem. Cei cărora le e frică de avion se tem adesea că societatea îi va ridiculiza din cauza asta. Dar până nu ești convins că zborul cu avionul nu e periculos, frica ta e perfect normală și rațională.

Șoferi buni și mai puțin buni

Dacă la volan e un şofer bun, drumul pare un loc sigur. Nici chiar şoferii mai puţin buni de pe şosea nu par să fie o ameninţare, pentru că ai încredere în şoferul tău că ştie să-i evite.

Dacă la volan e un şofer prost, ai senzaţia că drumul îţi poate fi fatal. Orice nebun pare să vrea să intre în maşina ta şi ţi-e imposibil să te relaxezi şi să te bucuri de călătorie.

Totul ţine de încredere. Dacă nu ai încredere în şoferul tău, aceleaşi condiţii de drum care ţi se păreau sigure cu şoferul bun par deodată să devină o ameninţare.

Când se închide ușa avionului

Ai nevoie de curaj ca să-i ceri cuiva să oprească mașina pentru că nu te simți în siguranță și vrei să te dai jos. Ai avea nevoie de mult mai mult curaj ca să ceri să te dai jos din avion din același motiv. Când se închide ușa avionului, ai de ales: le dai voie tuturor fricilor tale să te cuprindă și să-ți transforme experiența zborului într-un coșmar; sau îți aduci aminte de toate faptele pe care le-ai aflat despre zbor și despre cât de sigur este ca să scapi de senzația de pericol, iar zborul să devină o plăcere.

Cheia este pericolul

Când îți dai seama că ești în deplină siguranță în avion, toate fricile asociate, precum claustrofobia, vertijul, atacurile de panică și lipsa de control, dispar.

Scapă de senzația de pericol și scapi de frică.

Apoi poți începe să vezi zborul cu avionul așa cum este de fapt: o experiență încântătoare, plăcută, care poate să te poarte, la propriu, pe alte tărâmuri.

Să sperăm că ai început deja să crezi că zborul cu avionul nu presupune nici un pericol demn de luat în seamă. E mai bine să te gândești la toate avantajele pe care ți le poate aduce.

Nu face o obsesie pentru detalii!

Deşi e important să cunoşti şi să înţelegi anumite aspecte ale zborurilor comerciale ca să-ţi domoleşti temerea cum că ar fi periculoase, să acorzi prea multă atenţie detaliilor poate fi contraproductiv.

Ai auzit de „sindromul şoferului de pe scaunul de alături“? Este cazul pasagerilor care se concentrează întreaga călătorie pe ce face şoferul şi încearcă să prevadă fiecare frână, fiecare schimbare de direcţie şi de viteză cu ajutorul unor sisteme de control imaginare. Un coşmar pentru acel pasager şi pentru toţi ceilalţi din maşină. Ar fi mult mai bine să te relaxezi, să te deconectezi şi să laşi şoferul să-şi facă treaba.

E valabil şi în cazul avionului. Ai cei mai buni piloţi din lume. Lasă totul pe seama lor, relaxează-te şi bucură-te de călătorie.

Concentrează-te pe scopul tău!

Când un sportiv începe să se antreneze, ani la rândul, ca să obțină o medalie olimpică, el va dobândi și motivația de a duce la bun sfârșit această muncă serioasă prin vizualizarea scopului. Acel moment când stă pe podium, cu medalia la gât, momentul de apogeu care-i încununează toate eforturile – iată scopul său suprem.

Pentru tine, nu primul sau următorul tău zbor e cel mai important, ci atingerea scopului: să scapi de frica de avion.

Marele tău avantaj

De fapt, ai două avantaje faţă de sportiv. Primul e că problema ta nu e nici pe departe atât de anevoioasă. Tot ce trebuie să faci e să urmezi toate instrucţiunile şi poţi să te bucuri nu doar de atingerea scopului, ci şi de lucrurile care-l pregătesc.

Cel mai mare avantaj al tău faţă de sportiv e că el trebuie să concureze împotriva a sute sau chiar mii de alţi sportivi care urmăresc acelaşi scop. Numai unul va reuşi. Însă nu există limită pentru numărul de persoane care se pot bucura de zborul cu avionul. Nu trebuie să înfrângi pe nimeni!

Reamintește-ți instrucțiunile!

1. Urmează toate instrucțiunile!
2. Fii deschis la minte!
3. Pornește la drum într-o dispoziție veselă!
4. Gândește pozitiv!
5. Îndrăznește!
6. Bucură-te de zbor!

Călătoria ta începe aici

Care crezi că e cel mai important moment pentru sportivul olimpic? Când stă pe podium, privind cum este ridicat steagul național? Când aleargă la prima sa întrecere de calificare? Când pune prima dată piciorul pe o pistă de antrenament?

Nu. E momentul când se hotărăşte să pornească pe acel drum. Fără acel moment nimic nu ar mai avea loc.

Pregătirea pentru următorul tău zbor cu avionul nu începe când ajungi la aeroport. A început deja – şi acel moment important este

ACUM!

Înainte să te sui în avion

Dacă mai ai nevoie de alte dovezi că frica de avion e o stare mintală, fără temei real, gândește-te la faptul că majoritatea celor care se tem să zboare resimt frica înainte să ajungă în apropierea unui avion. Nu avionul în sine e cel care-i înspăimântă, ci gândul la avion.

Dacă îți dai voie să fii obsedat de gânduri negative, o să te torturezi singur imaginându-ți toate lucrurile care ar putea să meargă prost.

Dimpotrivă, gândește-te la toate motivele pozitive de a călători cu avionul și reconfirmă-ți tot ce ai aflat despre cât de sigur este zborul.

Nu te gândi la elefanți!

O să iei un avion – e o realitate. Nu încerca să te prefaci că n-o să se întâmple. A șaptea instrucțiune este:

Nu încerca să nu te mai gândești la zborul cu avionul.

Să încerci să-ți scoți asta din minte poate părea o modalitate de-a face față intervalului dintre momentul prezent și cel în care vei fi în avion, dar tot ce vei reuși e să dai naștere unei fobii. Dacă ți-aș spune să nu te gândești la elefanți, care e primul lucru care-ți vine în minte?

Exact!

Dă-ți voie să te gândești la zborul tău cu avionul, gândește-te la lucruri pozitive și concentrează-te pe bucuria pe care o vei avea după ce scapi de frică.

Ai de ales

Dacă crezi că fac ca lucrurile să pară simple ca să te determin să-ți schimbi dispoziția mintală, exact așa este. Ai de ales. Poți să-ți dai voie să te torturezi cu gânduri negative despre toate lucrurile imaginabile care ar putea să meargă prost, sau poți să te concentrezi pe toate faptele pe care ți le-am spus și să te bucuri, anticipând atingerea scopului tău. Chiar e o chestiune de alegere.

Revino neapărat asupra faptelor, revezi-le pe cele asupra cărora încă mai ai îndoieli; și continuă să urmezi instrucțiunile.

Transformă zborul cu avionul într-o sărbătoare!

Adu-ți aminte de ce iei avionul. Unde te duce? Ce-o să faci când vei ajunge acolo?

Dacă stai să-ți faci griji despre zbor nu numai că vei avea un zbor dezagreabil, dar îți vei ruina întreaga călătorie.

Pe de altă parte, anticiparea, aşteptarea plină de nerăbdare a unei superbe călătorii poate să contribuie la plăcerea zborului.

Încearcă să vezi în zborul cu avionul un mijloc de a-ți atinge scopul – parte din ceva extraordinar care ți se întâmplă.

Cum o să-ți dai seama că ai scăpat de frica de avion?

Mulţi oameni care suferă de frica de zbor nu se suie într-un avion niciodată, în toată viaţa lor. Cum să ştie că le e frică să zboare, ai putea spune, dacă de fapt n-au zburat niciodată?

Adevărul e că nu se tem de zborul în sine, ci de ideea de zbor. Pentru că au fost spălaţi pe creier, nu au nevoie de experienţa zborului cu avionul ca să fie convinşi că este periculos.

Frica de avion nu vine pentru că eşti în situaţia respectivă, ci pentru că o anticipezi.

Când ştii, ştii

Procesul poate fi inversat la fel de uşor. Scapă de ideile preconcepute şi poţi fi absolut convins că nu-ţi mai e frică de avion cu mult înainte de a ajunge la aeroport.

E valabil şi în cazul fumătorilor. Înainte să se lase, fumătorii se întreabă cum vor şti că au scăpat de dependenţa de nicotină. Ideea e că ştii de îndată ce ai reuşit să descoperi spălarea pe creier şi să vezi adevărul. Cu metoda uşoară a lui Allen Carr ştii că te-ai lăsat de fumat înainte de a stinge ultima ţigară.

Ceva așteptat cu plăcere

Să revenim la medaliatul nostru olimpic şi la vizualizarea scopului final. Aş vrea să nu te gândeşti la:

„N-ar fi minunat dacă aş putea avea curajul să zbor cu avionul ca să mă bucur de un concediu cu familia şi prietenii sau să-mi însoțesc partenerul într-o călătorie de afaceri?“

Ci la:

„Nu concediul sau călătoria de afaceri sunt importante. Important e că o să scap de frica de avion. O să scap din această închisoare.“

Încântarea ta va fi provocată de atingerea acestui scop.

Pregătește-te mintal!

Între momentul prezent şi cel al zborului cu avionul, menţine-ţi o dispoziţie mintală veselă şi pozitivă. Nu-ţi face griji că o să te gândeşti tot timpul la asta. Ce anume gândeşti e important. Nu uita că ai de ales.

A opta instrucţiune e următoarea: de-acum înainte vei prelua controlul.

Să zbori cu avionul este incredibil de sigur – e un fapt. Aşa că, dacă-ţi dai seama că te gândeşti la asta, fă-o cu plăcere.

Lasă fluturii să-și ia zborul!

Dacă, între momentul prezent şi cel al zborului cu avionul, simţi că ai fluturi în stomac, nu-ţi face griji. Fluturii sunt un semn că urmează să aibă loc ceva minunat. Gândeşte-te la un fotbalist gata să joace o finală de cupă. Fiorii pe care-i simte sunt însoţiţi de sentimentul de intensă bucurie.

Totuşi, spre deosebire de fotbalist, tu n-ai cum să pierzi. Dacă urmezi toate instrucţiunile, nu există vreo forţă rivală care să te poată împiedica să câştigi.

Când vine momentul

Ziua zborului poate să fie stresantă din mai multe motive. Avionul nu te aşteaptă dacă întârzii. Nu vei trece de vamă dacă ţi-a expirat paşaportul. Sunt multe lucruri de care trebuie să te ocupi, dar poţi evita tot acest stres dacă planifici totul din timp.

Fă o listă cu lucrurile esenţiale.

Bilete de avion
Paşaport
Bani
Asigurare
Bagaje
Check-in

Cu cât te pregăteşti mai din timp, cu atât va fi mai plăcută ziua călătoriei.

Mergi devreme la aeroport!

Recomand cu tărie să-ți planifici sosirea la aeroport cu cel puțin o oră înainte de check-in. Nu găsești taxi, e ambuteiaj în trafic, greșești drumul... sunt o grămadă de lucruri care te pot întârzia, așa că e bine să ai timp pentru orice eventualitate. Scopul este evitarea oricărui stres nenecesar.

Dacă totul merge ca uns și constați că ai la dispoziție o oră în aeroport, e minunat. Bucură-te de această experiență. Bea un ceai. Citește o carte. Relaxează-te.

Alegerea locurilor

Uită orice ai auzit despre faptul că e mai sigur din punct de vedere statistic să stai în avion în față sau în spate. E irelevant. Oriunde ai alege să stai, nu e periculos.

Singurele considerații privind locurile sunt legate de plăcerea călătoriei. Vrei să stai la geam, ca să te poți uita la minunatele priveliști? Sau ai prefera un loc lângă culoar, ca să stai de vorbă cu prietenii și să-ți întinzi picioarele atunci când simți nevoia?

Actele

Când îți depui bagajul de cală, evită stresul având pregătite și la îndemână toate documentele necesare – pașaportul și biletul de avion sau tichetul de îmbarcare. Ține-le pe toate la un loc, ca să eviți să cotrobăi în ultima clipă prin toate gențile, intrând în panică la gândul că le-ai uitat acasă.

Ține-le la îndemână și pentru următoarea etapă, controlul pașaportului. Vezi să fie ușor accesibile, căci vei avea nevoie de ele din nou la poarta de îmbarcare. Dar pune-le într-un loc sigur, cum ar fi un buzunar interior.

Controlul de securitate

Dacă vrei să-ți faci o idee despre cât de sigur a devenit zborul cu avionul, acesta e locul potrivit. În această etapă mai ai la tine doar bagajul de mână. Ai grijă să nu ai înăuntru lichide cu un volum mai mare de 100 ml. Dacă ai, s-ar putea să-ți fie luate şi confiscate.

Apoi ți se va cere să-ți scoți toate obiectele de metal, inclusiv cureaua şi, adesea, pantofii. În timp ce toate aceste obiecte sunt scanate vei fi scanat la rândul tău, fiind privit cu atenție de cel puțin doi agenți de securitate.

Nu ai de ce să te simți intimidat. Întregul proces este riguros din motive de siguranță.

Zona comercială

Dacă ai ajuns cu multă vreme înainte, aşa cum e recomandabil, poţi să-ţi petreci timpul prin magazine, baruri şi restaurante. Sigur, aceste locuri sunt concepute pentru a-i uşura pe călătorii entuziasmaţi de banii câştigaţi cu greu, oferindu-le spre vânzare lucruri cărora, în ultimul moment, pur şi simplu nu pot să le reziste. Totul este duty-free şi ţi se va cere să arăţi tichetul de îmbarcare când plăteşti.

Nu-ţi face griji că n-ai să ajungi la zborul tău. Sunt multe ecrane cu informaţii despre zboruri şi se fac şi anunţuri. E bine să afli din vreme la ce poartă e îmbarcarea şi unde este poarta respectivă, mai ales în aeroporturile mari.

Întârzieri

Întârzierile sunt o cauză obişnuită de stres, indiferent dacă suferi sau nu de frică de avion. Deoarece călătorii abia aşteaptă să ajungă la destinaţie, o întârziere poate să devină motiv de interminabile întrebări.

La biroul de informaţii se adună multă lume, personalul nu e nicăieri, oamenii se enervează, se ridică tonul, se lansează insulte.

E important să eviţi acest gen de stres şi să-ţi păstrezi optimismul cu privire la zborul tău. Întârzierile sunt consecinţa inevitabilă a unei industrii intens preocupate de siguranţa călătorilor. Nu interpreta asta ca pe un semn de potenţial pericol, ci ca pe o dovadă că specialiştii sunt deosebit de precauţi şi vor să se asigure că nu există nici un pericol.

Bucură-te de acest răstimp!

Nu e nimic de făcut în privința întârzierii zborului, așa că tot ce îți stă în puteri e să iei lucrurile așa cum sunt și să te asiguri că ai ceva plăcut de făcut în acest răstimp, cum ar fi să citești o carte bună. Cele mai multe aeroporturi au magazine și restaurante unde poți să te bucuri de rara experiență de a avea timp la dispoziție.

Nu uita că, oricare ar fi motivul întârzierii, acesta e neapărat legat de siguranță.

Relaxante

Pentru unii călători, acesta e momentul în care se îndreaptă către aşa-numitele relaxante, ca alcoolul sau valiumul, care să-i ajute să facă faţă supliciului. Nu reprezintă decât o atenuare a simptomelor, nu şi a cauzei.

De fapt, aceste aşa-numite relaxante nici măcar nu te scapă de simptomele fricii de avion, ci doar te fac să uiţi de ele. Iar când trece efectul, simptomele sunt şi mai puternice.

Odată scăpat de frică, n-o să mai ai nevoie de alcool, de valium sau de vreun alt sprijin.

Poarta de îmbarcare

Vezi să ai suficient timp să ajungi din zona comercială la poarta de îmbarcare. Uneori ai de făcut un drum lung şi, dacă ai văzut pe cineva vreodată alergând să prindă avionul, atunci ştii cât poate fi de stresant!

Acolo poţi sta şi aştepta semnalul de începere a îmbarcării. Asigură-te că ai încă la îndemână paşaportul şi tichetul de îmbarcare, apoi relaxează-te. O să vezi cum oamenii încep să se aşeze la coadă, aşteptând cu nerăbdare să le vină rândul. Rezistă tentaţiei de a te alătura celorlalţi. Luaţi cu toţii acelaşi avion şi e loc pentru toată lumea.

Îmbarcarea

Dacă vrei să eviți agitația de căutare a locurilor, când ajungi la poarta de îmbarcare poți să informezi discret personalul că ești un călător anxios și să ceri să fii luat printre primii. Vor face tot ce le stă în puteri ca să te simți bine.

Ca alternativă, poți aștepta până se termină coada ca să te îmbarci printre ultimii, în ritmul tău. Dacă nu vrei să te bucuri în mod deosebit de priveliște și nici nu ții neapărat să stai lângă culoar, atunci nu contează unde vei ajunge să te așezi sau unde o să-ți pui bagajul.

Desigur, când ai loc rezervat lucrurile se simplifică.

După ce s-au închis ușile

Când însoţitorii de zbor sunt mulţumiţi că fiecare pasager care trebuie să fie la bord s-a îmbarcat, vor închide uşile aeronavei. Ţi se va cere să-ţi pui centura de siguranţă, să ridici măsuţa pliabilă, să fixezi scaunul în poziţie dreaptă şi să laşi în jos cotiera.

Pe măsură ce avionul începe să ruleze încet pe pistă, însoţitorii de zbor fac demonstraţia procedurilor de siguranţă. E recomandat să fii atent, dar nu te gândi prea mult la asta. Riscurile de a trebui vreodată să urmezi procedura sunt infime.

Decolarea

Să decolezi cu avionul este o experiență încântătoare. E cel mai sigur fel în care vei simți vreodată că accelerezi de la zero la 240 km/h în doar câteva secunde.

Acum știi că atunci când avionul ajunge la o anumită viteză, forțele naturii îl fac să decoleze. Dacă nu te uiți pe geam, probabil că nici nu vei observa când o face.

Prima schimbare majoră pe care o vei observa va fi momentul când pilotul execută un viraj. Asemenea unei biciclete, un avion virează înclinându-se în direcția în care vrea să meargă. Nu te alarma. E perfect normal.

Huruituri, scârţâieli, bip-uri şi pârâituri

Tot ce mai rămâne de făcut e ca pilotul să ridice trenul de aterizare. Ai văzut cât de mari sunt acele roţi – e necesar un puternic sistem hidraulic pentru a ridica şi a coborî aşa ceva. Deloc surprinzător, asta face un pic de zgomot.

Să zbori cu avionul e o experienţă extraordinar de liniştitoare, dar vei auzi, deşi destul de rar, câte un zgomot care te-ar putea alarma. Bip-ul intercomului, huruitul motorului când pilotul măreşte tracţiunea. Acestea sunt aspecte perfect normale ale oricărui zbor cu avionul.

Nu încerca să pilotezi tu avionul!

Rezistă tentației de a reacționa la fiecare huruit, scârțâit, bip sau pârâit, încercând să analizezi ce se întâmplă. Nu vei face decât să te torturezi fără vreun motiv logic.

Piloții sunt cei responsabili cu evaluarea performanțelor avionului. Sunt extrem de calificați pentru asta, iar tu nu ești. Așa că lasă lucrurile în seama lor, ai încredere în specializarea lor, acceptă faptul că fiecare zgomot pe care-l auzi este un aspect normal, cotidian al zborului cu avionul, relaxează-te și bucură-te de experiență.

Aceasta e cea de-a noua și ultima instrucțiune:

Nu încerca să pilotezi tu avionul!

Călătorie plăcută!

Orice mijloc de transport ai folosi, faptul că îţi face sau nu plăcere călătoria depinde doar de un lucru: dacă te simţi sau nu în siguranţă. Dacă te simţi în pericol, nu te vei bucura de călătorie.

Când avionul decolează, reaminteşte-ţi că te afli acum în cel mai sigur mediu din ultimele 24 de ore. Ai traversat străzi, ai supravieţuit mersului cu maşina, ai urcat şi ai coborât pe scări şi cu scările rulante. Din punct de vedere statistic, în scaunul capitonat de la bordul avionului eşti mai în siguranţă decât în oricare dintre situaţiile anterioare.

Dă-i fricii o zi de vacanță!

Frica ne este prietenă – ne protejează de pericol.

Frica de avion e perfect rațională – dar se bazează pe idei preconcepute.

Scapă de ideile preconcepute – şi scapi de frică.

Nu există motiv rațional pentru care să te agăți de frică atunci când ştii că nu există pericol. Dacă încă mai simți una sau mai multe temeri dintre cele asociate cu frica de avion înseamnă că nu ai urmat toate instrucțiunile. Nu ți-ai deschis mintea şi nu ți-ai dat voie să vezi adevărul:

SĂ ZBORI CU AVIONUL NU E PERICULOS.

E timpul să nu-ți mai fie frică.

Abia aştept să văd dacă a avut efect!

Nu ai de ce să aştepţi.

Îndată ce ştii că deţii soluţia unei probleme, problema s-a rezolvat. Îndată ce crezi că nu e periculos să zbori cu avionul, eşti vindecat de frică.

Frica de avion este exclusiv mintală. Tot ce trebuie să faci e să-ţi transformi ideile preconcepute din minte în fapte. Când reuşeşti asta, nu e nevoie să te sui în avion şi să aterizezi în siguranţă ca să ştii că ai scăpat de frică. O s-o ştii înainte chiar de a pune piciorul la bordul unui avion.

Gata de decolare

Purul adevăr e că zborul cu avionul este incredibil de sigur. Dacă ai urmat toate instrucțiunile şi îți menții mintea deschisă, acum ar trebui să aştepți viitoarea călătorie cu avionul cu un sentiment de nerăbdare şi de euforie. Asemenea exploratorilor care au descoperit că Pământul e rotund, eşti eliberat de fricile care te țineau pe loc.

Lumea e a ta.

Unde doreşti să mergi ține doar de tine.
Călătorii plăcute!

Instrucțiunile

1. Urmează toate instrucțiunile!
2. Fii deschis la minte!
3. Pornește la drum într-o dispoziție veselă!
4. Gândește pozitiv!
5. Îndrăznește!
6. Bucură-te de zborul cu avionul!
7. Nu încerca să nu te mai gândești la zborul cu avionul!
8. Vei prelua controlul!
9. Nu încerca să pilotezi tu avionul!

Clinicile Allen Carr's Easyway din lume

Vă aşteptăm alături de noi!

Clinicile Allen Carr's Easyway s-au răspândit în întreaga lume într-un ritm extraordinar, înregistrând un imens succes. Rețeaua noastră este prezentă astăzi în mai bine de 150 de oraşe din peste 45 de țări, crescând în mod organic. Uşurința cu care au scăpat de dependență lor i-a impresionat pe unii oameni într-atât de mult, încât au luat legătura cu noi cu scopul de a deschide o clinică Easyway şi în țările unde locuiesc.

Dacă sunteți interesat în această privință, vă rugăm să ne contactați la adresa de e-mail join-us@allencarr.com, specificând numele şi adresa dumneavoastră, precum şi regiunea în care ați dori să înființăm o clinică Easyway.

Susțineți-ne!

Nu, nu e vorba despre susținere financiară!

Puteți realiza ceva cu adevărat minunat. Suntem foarte fericiți de fiecare dată când aflăm că încă o persoană a reuşit să scape din capcană. Ne-am bucura enorm să aflăm că şi dumneavoastră v-ați eliberat din ghearele dependenței şi vă aşteptăm pe pagina de internet de mai jos, să ne spuneți povestea dumneavoastră de succes, să-i încurajaţi şi pe alţii să vă urmeze exemplul şi să aflaţi în ce mod puteţi da o mână de ajutor în acest sens.

www.allencarr.com/444/support-us

Ne puteţi susţine şi pe pagina noastră www.facebook.com/AllenCarr

Împreună, ne putem îndeplini misiunea de a-i ajuta pe oameni să scape de dependenţă.

Clinicile Allen Carr's Easyway din lume

În paginile următoare sunt prezentate coordonatele tuturor clinicilor *Allen Carr's Easyway* din lume. Pe site-ul www.allencarr.com puteţi găsi lista permanent actualizată. Rata de succes a clinicilor, bazată pe rambursarea banilor după trei luni în caz de eşec, este de peste 90%. Aceste clinici oferă totodată soluţii pentru dependenţa de alcool sau alte substanţe, precum şi pentru problemele legate de greutatea corporală. Vă rugăm să cereţi detalii clinicii celei mai apropiate de locul în care vă aflaţi.

Metoda uşoară a lui Allen Carr vă garantează că veţi putea scăpa de dependenţă cu uşurinţă la aceste clinici sau, dacă nu, vă veţi primi banii înapoi.

Londra şi Biroul Internaţional

Park House, 14 Pepys Road, Raynes Park, London SW20 8NH; Tel.: +44 (0)20 8944 7761, Fax: +44 (0)20 8944 8619, Terapeuţi: John Dicey, Colleen Dwyer, Crispin Hay, Emma Hudson, Rob Fielding, Sam Carroll, Sam Bonner, E-mail: mail@allencarr.com, Site Internet: www.allencarr.com

Biroul de presă internaţional: Persoană de contact: John Dicey, Tel.: +44 (0)7970 88 44 52, E-mail: media@allencarr.com

Tel. informaţii şi programări în Marea Britanie: 0800 389 2115

Clinici în Marea Britanie

BELFAST: Tel.: 0845 094 3244, Terapeut: Tara Evers-Cheung, E-mail: tara@easywayni.com, Site Internet: www.allencarr.com

BIRMINGHAM: Tel., Fax: +44 (0)121 423 1227, Terapeuţi: John Dicey, Colleen Dwyer, Crispin Hay, Rob Fielding, Sam Carroll, E-mail: info@allencarr.com, Site Internet: www.allencarr.com

BOURNEMOUTH: Tel.: 0800 028 7257, Terapeuţi: John Dicey, Colleen Dwyer, Emma Hudson, Sam Carroll, E-mail: info@allencarr.com, Site Internet: www.allencarr.com

BRIGHTON: Tel.: 0800 028 7257, Terapeuţi: John Dicey, Colleen Dwyer, Emma Hudson, Sam Carroll, E-mail: info@allencarr.com, Site Internet: www.allencarr.com

BRISTOL: Tel.: +44 (0)117 950 1441, Terapeut: David Key, E-mail: stop@easywaysouthwest.com, Site Internet: www.allencarr.com

CAMBRIDGE: Tel.: 020 8944 7761, Terapeuţi: Emma Hudson, Sam Bonner, E-mail: mail@allencarr.com, Site Internet: www.allencarr.com

COLCHESTER: Tel: 01621 819812, Terapeut: Lynton Humphries, E-mail: contact@easywaylynton.com, Site Internet: allencarr.com

COVENTRY: Tel.: 0800 321 3007, Terapeut: Rob Fielding, E-mail: info@easywaycoventry.co.uk, Site Internet: www.allencarr.com

CREWE: Tel.: +44 (0)1270 664176, Terapeut: Debbie Brewer-West, E-mail: debbie@easyway2stopsmoking.co.uk, Site Internet: www.allencarr.com

CUMBRIA: Tel.: 0800 077 6187, Terapeut: Mark Keen, E-mail: mark@easywaycumbria.co.uk, Site Internet: www.allencarr.com

DERBY: Tel.: +44 (0) 1270 664176, Terapeut: Debbie Brewer-West, E-mail: debbie@easyway2stopsmoking.co.uk, Site Internet: www.allencarr.com

GUERNSEY: Tel.: 0800 077 6187, Terapeut: Mark Keen, E-mail: mark@easywaylancashire.co.uk, Site Internet: www.allencarr.com

IPSWICH: Tel.: 01621 819812, Terapeut: Lynton Humphries, E-mail: contact@easywaylynton.com, Site Internet: www.allencarr.com

ISLE OF MAN: Tel.: 0800 077 6187, Terapeut: Mark Keen, E-mail: mark@easywaylancashire.co.uk, Site Internet: www.allencarr.com

JERSEY: Tel.: 0800 077 6187, Terapeut: Mark Keen, E-mail: mark@easywaylancashire.co.uk, Site Internet: www.allencarr.com

KENT: Tel.: 0800 028 7257, Terapeuți: John Dicey, Colleen Dwyer, Emma Hudson, Sam Carroll, E-mail: info@allencarr.com, Site Internet: www.allencarr.com

LANCASHIRE: Tel.: 0800 077 6187, Terapeut: Mark Keen, E-mail: mark@easywaylancashire.co.uk, Site Internet: www.allen-carr.com

LEEDS: Tel.: 0800 077 6187, Terapeut: Mark Keen, E-mail: mark@easywaylancashire.co.uk, Site Internet: www.allen-carr.com

LEICESTER: Tel.: 0800 321 3007, Terapeut: Rob Fielding, E-mail: info@easywayleicester.co.uk, Site Internet: www.allen-carr.com

LINCOLN: Tel.: 0800 321 3007, Terapeut: Rob Fielding, E-mail: info@easywayleicester.co.uk, Site Internet: www.allen-carr.com

LIVERPOOL: Tel.: 0800 077 6187, Terapeut: Mark Keen, E-mail: mark@easywayliverpool.co.uk, Site Internet: www.allen-carr.com

MANCHESTER: Tel.: 0800 077 6187, Terapeut: Mark Keen, E-mail: mark@easywaylancashirc.co.uk, Site Internet: www.allen-carr.com

MANCHESTER – ședințe pentru dependenții de alcool, Tel.: 07936 712942, Terapeut: Mike Connolly, E-mail: info@stopdrinkingnorth.co.uk

MILTON KEYNES: Tel.: 020 8944 7761, Terapeuți: Emma Hudson, Sam Bonner, E-mail: mail@allencarr.com, Site Internet: www.allencarr.com

NEWCASTLE/NORTH EAST: Tel.: 0800 077 6187, Terapeut: Mark Keen, E-mail: info@easywaynortheast.co.uk, Site Internet: www.allencarr.com

NOTTINGHAM: Tel.: +44(0)1270 664176, Terapeut: Debbie Brewer-West, E-mail: debbie@easyway2stopsmoking.co.uk, Site Internet: www. allencarr.com

OXFORD: Tel.: 020 8944 7761, Terapeuți: Emma Hudson, Sam Bonner, E-mail: mail@allencarr.com, Site Internet: www.allencarr.com

READING: Tel.: 0800 028 7257, Terapeuți: John Dicey, Colleen Dwyer, Emma Hudson, Sam Carroll, E-mail: info@allencarr.com, Site Internet: www.allencarr.com

SCOȚIA, **Glasgow şi Edinburgh**: Tel.: +44 (0)131 449 7858, Terapeuți: Paul Melvin şi Jim McCreadie, E-mail: info@easywayscotland.co.uk, Site Internet: www.allencarr.com

SHEFFIELD: Tel.: 01924 830768, Terapeut: Joseph Spencer, E-mail: joseph@easywaysheffield.co.uk, Site Internet: www.allencarr.com

SHREWSBURY: Tel.: +44 (0)1270 664176, Terapeut: Debbie Brewer-West, E-mail: debbie@easyway2stopsmoking.co.uk, Site Internet: www.allencarr.com

SOUTHAMPTON: Tel.: 0800 028 7257, Terapeuți: John Dicey, Colleen Dwyer, Emma Hudson, Sam Carroll, E-mail: info@allen carr.com, Site Internet: www.allencarr.com

SOUTHPORT: Tel.: 0800 077 6187, Terapeut: Mark Keen, E-mail: mark@easywaylancashire.co.uk, Site Internet: www.allencarr.com

STAINES/HEATHROW: Tel.: 0800 028 7257, Terapeuți: John Dicey, Colleen Dwyer, Emma Hudson, Sam Carroll, E-mail: info@allencarr.com, Site Internet: www.allencarr.com

STEVENAGE: Tel.: 020 8944 7761, Terapeuți: Emma Hudson, Sam Bonner, E-mail: mail@allencarr.com, Site Internet: www.allencarr.com

STOKE: Tel.: +44 (0)1270 664176, Terapeut: Debbie Brewer-West, E-mail: debbie@easyway2stopsmoking.co.uk, Site Internet: www.allencarr.com

SURREY: Adresă poştală: Park House, 14 Pepys Road, Raynes Park, London SW20 8NH; Tel.: +44 (0)20 8944 7761, fax: +44 (0)20 8944 8619, Terapeuţi: John Dicey, Colleen Dwyer, Crispin Hay, Emma Hudson, Rob Fielding, Sam Carroll, E-mail: mail@allencarr.com, Site Internet: www.allencarr.com

SWINDON: Tel.: +44 (0)117 950 1441, Terapeut: David Key, E-mail: stopsmoking@easywaybristol.co.uk, Site Internet: www.allencarr.com

TELFORD: Tel.: +44 (0)1270 664176, Terapeut: Debbie Brewer-West, E-mail: debbie@easyway2stopsmoking.co.uk, Site Internet: www.allencarr.com

WATFORD: Tel.: 020 8944 7761, Terapeuţi: Emma Hudson, Sam Bonner, E-mail: mail@allencarr.com, Site Internet: www.allencarr.com

Clinici în restul lumii

AFRICA DE SUD: seminariile au loc în toată ţara. Tel. programări în toată ţara: 0861 100 200

Cape Town: Biroul central şi clinica: Draper Square 15, Draper St, Claremont 7708, Terapeut: Dr. Charles Nel, Tel.: +27 (0)21 851 5883, Mobil: 083 600 5555, E-mail: easyway@allencarr.co.za, Site Internet: www.allencarr.com, Terapeuţi: Dr. Charles Nel, Malcolm Robinson şi echipa

AUSTRALIA

Australia de Sud – Adelaide: Tel.: 1300 84 80 28, Terapeut: Jaime Reed, E-mail: sa@allencarr.com.au, Site Internet: www.allencarr.com

Australia de Vest – Perth: Tel.: 1300 55 78 01, Terapeut: Dianne Fisher, E-mail: wa@allencarr.com.au, Site Internet: www.allencarr.com

New South Wales, Sydney, A.C.T.: Tel., fax: 1300 84 80 28, Terapeut: Natalie Clays, E-mail: natalie@allencarr.com.au, Site Internet: www.allencarr.com

Northern Territory – Darwin: 1300 557 801, Terapeuți: Dianne Fisher și Natalie Clays, E-mail: wa@allencarr.com.au, Site Internet: www.allencarr.com

Queensland: Tel.: 1300 848 028, Terapeut: Natalie Clays, E-mail: natalie@allencarr.com.au, Site Internet: www.allencarr.com

Victoria: Tel.: +61 (0)3 9894 8866 sau 1300 790 565, Terapeut: Gail Morris, E-mail: vic@allencarr.com.au, Site Internet: www.allencarr.com

AUSTRIA: seminariile au loc în toată țara. Tel.: 0800 RAUCHEN (0800 7282436) (apel gratuit), Tel.: +43 (0)3512 44755, Terapeuți: Erich Kellermann și echipa, E-mail: info@allen-carr.at, Site Internet: www.allencarr.com

BELGIA, **Antwerp**: Tel.: +32 (0)3 281 6255, fax: +32 (0)3 744 0608, Terapeut: Dirk Nielandt, E-mail: info@allencarr.be, Site Internet: www.allencarr.com

BRAZILIA, **São Paulo:** Terapeuți: Alberto Steinberg – Tel.: (55) (11) 99325-6514; Lilian Brunstein – Tel.: (55) (11) 99456-0153, E-mail: contato@easywaysp.com.br, Site Internet: www.allencarr.com

BULGARIA: Tel.: 0800 14104/+359 899 88 99 07, Terapeut: Rumyana Kostadinova, E-mail: rk@nepushaveche.com, Site Internet: www.allencarr.com

CANADA: Tel.: +1 866 666 4299 (apel gratuit) / +1 905 8497736, Terapeut vorbitor de limbă engleză: Damian O'Hara. Terapeut vorbitor de limbă franceză: Rejean Belanger. Seminarii la Toronto, Vancouver și Montreal, programe pentru corporații în toată Canada, E-mail: info@theeasywaytostopsmoking.com, Site Internet: www.allencarr.com

CEHIA (inaugurare în 2016): www.allencarr.com

CHILE: Tel.: +56 2 4744587, Terapeut: Claudia Sarmiento, E-mail: contacto@allencarr.cl, Site Internet: www.allencarr.com

COLUMBIA, **Bogota**: Terapeut: Felipe Sanint Echeverri, Tel: +57 3158681043, E-mail: info@nomascigarillos.com, Site Internet: www.allencarr.com

COREEA DE SUD: **Seul**, Tel: +82 (0)70 4227 1862, Terapeut: Yousung Cha, Email: yscha08@gmail.com, Site Internet: www.allencarr.com

DANEMARCA: seminariile au loc în toată țara. Tel.: +45 70267711, Terapeut: Mette Fonss, E-mail: mette@easyway.dk, Site Internet: www.allencarr.com

ECUADOR: Tel., fax: +593 (0)2 2820 920, Terapeut: Ingrid Wittich, E-mail: toisan@pi.pro.ec, Site Internet: www.allencarr.com

ELVEȚIA: seminariile au loc în toată țara. Tel.: 0800 RAUCHEN (0800/728 2436) (apel gratuit), Tel.: +41 (0)52 383 3773, fax: +41 (0)52 3833774, Terapeuți: Cyrill Argast și echipa; pentru Suisse Romande și Svizzera Italia: Tel.: 0800 386 387, E-mail: info@allen-carr.ch, Site Internet: www.allen-carr.com

ESTONIA: Tel.: +372 733 0044, Terapeut: Henry Jakobson, E-mail: info@allencarr.ee, Site Internet: www.allencarr.com

FINLANDA: Tel.: +358 (0)45 3544099, Terapeut: Janne Ström, E-mail: info@allencarr.fi, Site Internet: www.allencarr.com

FRANȚA: Tel. programări în toată țara: 0800 386387 (apel gratuit), Terapeuți: Erick Serre și echipa, Tel.: +33 4 91 33 54 55, E-mail: info@allencarr.fr, Site Internet: www.allencarr.com

GERMANIA: Tel. informații și programări în toată țara: 08000 RAUCHEN (0800 07282436) (apel gratuit), Terapeuți: Erich Kellermann și echipa, Tel.: +49 (0)8031 90190-0, E-mail: info@allen-carr.de, Site Internet: www.allencarr.com

GRECIA: sesiunile au loc în toată țara. Tel.: +30 210 5224087, Terapeut: Panos Tzouras, E-mail: panos@allencarr.gr, Site Internet: www.allencarr.com

GUATEMALA: Tel: +502 2362 0000, Terapeut: Michelle Binford, E-mail: bienvenid@dejedefumarfacil.com, Site Internet: www.allencarr.com

HONG KONG: E-mail: info@easywayhongkong.com, Site Internet: www.allencarr.com

ISLANDA, **Reykjavik**: Tel.: +354 588 7060, Terapeut: Petur Einarsson, E-mail: easyway@easyway.is, Site Internet: www.allencarr.com

INDIA, **Bangalore și Chennai**: Tel.: +91 (0)80 41603838, Terapeut: Suresh Shottam, E-mail: info@easywaytostopsmoking.co.in, Site Internet: www.allencarr.com

IRLANDA, **Dublin și Cork**: Număr cu tarif redus (doar din Irlanda): 1 890 37 99 29, Tel.: +353 (0)1 499 9010 (4 linii), Terapeuți: Brenda Sweeney și echipa, E-mail: info@allencarr.ie, Site Internet: www.allencarr.com

ISRAEL: seminariile au loc în toată țara. Tel.: +972 (0)3 6212525, Terapeuți: Ramy Romanovsky, Orit Rozen, Kinneret Triffon, E-mail: info@allencarr.co.il, Site Internet: www.allencarr.com

ITALIA: seminariile au loc în toată țara. Tel./fax: +39 (0)2 7060 2438, Terapeuți: Francesca Cesati și echipa, E-mail: info@easywayitalia.com, Site Internet: www.allencarr.com

JAPONIA: seminariile au loc în toată țara. Site internet: www.allencarr.com

LIBAN: Tel./Fax: +961 1 791 5565, Mobil: +961 76 789555, Terapeut: Sadek El-Assaad, E-mail: stopsmoking@allen-carr.com.lb, Site Internet: www.allencarr.com

LITUANIA: Tel.: +370 694 29591, Terapeut: Evaldas Zvirblis, E-mail: info@mestirukyti.eu, Site Internet: www.allencarr.com

MAURITIUS: Tel.: +230 727 5103, Terapeut: Heidi Hoareau, E-mail: info@allencarr.mu, Site Internet: www.allencarr.com

MEXIC: seminariile au loc în toată țara. Tel.: +52 55 2623 0631, Terapeuți: Jorge Davo, E-mail: info@allencarr-mexico.com, Site Internet: www.allencarr.com

NOUA ZEELANDĂ, **North Island, Auckland**: Tel.: +64 (0)9 817 5396, Terapeut: Vickie Macrae, E-mail: vickie@easy-waynz.co.nz, Site Internet: www.allencarr.com

South Island, Christchurch: Tel.: 0800 327992, Terapeuți: Laurence Cooke, E-mail: laurence@easywaysouthisland.co.nz, Site Internet: www.allencarr.com

NORVEGIA, **Oslo**: Tel.: +47 93 20 09 11, Terapeut: René Adde, E-mail: post@easyway-norge.no, Site Internet: www.allen-carr.com

OLANDA: seminariile au loc în toată țara. Allen Carr's Easyway 'stoppen met roken': Tel.: (+31) 53 478 43 62/(+31) 900 786 77 37, E-mail: info@allencarr.nl, Site Internet: www.allencarr.com

PERU, **Lima**: Tel.: +511 637 7310, Terapeut: Luis Loranca, E-mail: lloranca@dejardefumaraltoqne.com, Site Internet: www.allencarr.com

POLONIA: seminariile au loc în toată țara. Tel.: +48 (0)22 621 36 11, Terapeut: Anna Kabat, E-mail: info@allen-carr.pl, Site Internet: www.allencarr.com

PORTUGALIA, **Oporto**: Tel.: +351 22 9958698, Terapeut: Ria Slof, E-mail: info@comodeixardefumar.com, Site Internet: www.allencarr.com

ROMÂNIA: Tel.: +40 (0) 7321 3 8383, Terapeut: Diana Vasiliu, E-mail: raspunsuri@allencarr.ro, Site Internet: www.allen-carr.com

RUSIA, **Moscova**: Tel.: +7 495 644 64 26, Terapeut: Formin Aleksandr, E-mail: info@allencarr.ru, Site Internet: www.allen-carr.com

Crimeea – Simferopol: tel.: +38 095 781 8180, Terapeut Yuriy Zhvakolyuk, Email: zhvakolyuk@gmail.com, Website: www.allen-carr.com

Sankt-Petersburg: (inaugurare în 2016), Site Internet: www.allen-carr.com

SERBIA, **Belgrad**: Tel.: +381 (0)11 308 8686, E-mail: office@allencarr.co.rs, Site Internet: www.allencarr.com

SINGAPORE: Tel.: +65 6329 9660, Terapeut: Pam Oei, E-mail: pam@allencarr.com.sg, Site Internet: www.allencarr.com

SLOVACIA (inaugurare în 2016): Site Internet: www.allen-carr.com

SLOVENIA: Tel.: 00386 (0) 40 77 61 77, Terapeut: Gregor Server, E-mail: easyway@easyway.si, Site Internet: www.allen-carr.com

SPANIA, **Madrid**: Tel.: +34 91 6296030, Terapeut: Lola Camacho, E-mail: info@dejardefumar.org, Site Internet: www.allencarr.com

SUA: Tel. informații și programări: 1 866 666 4299 (apel gratuit)

New York: Tel.: 212 330 9194, E-mail: info@theeasywayto stopsmoking.com, Site Internet: www.allencarr.com., Terapeuți:

Damian O'Hara, Collene Curran, David Skeist. Seminarii ţinute regulat la New York, Los Angeles, Denver şi Houston. Programe pentru corporaţii în întreaga ţară. Adresă poştală: 1133 Broadway, Suite 706, New York, NY 10010

Milwaukee (şi **South Wisconsin**) (inaugurare în 2016) Site Internet: www.allencarr.com

New Jersey (inaugurare în 2016) Site Internet: www.allencarr.com

SUEDIA: Tel: +46 70 695 6850, Terapeuţi: Nina Ljungqvist, Renée Johansson, Email: info@easyway.nu, Site Internet: www.allencarr.com

TURCIA: seminariile au loc în toată ţara. Tel.: +90 212 358 5307, Terapeut: Emre Ustunucar, E-mail: info@allencarrturkiye.com, Site Internet: www.allencarr.com

UCRAINA, **Kiev**: Tel.: +38 044 353 2934, Terapeut: Kirill Stekhin, E-mail: kirill@allencarr.kiev.ua, Site Internet: www.allencarr.com

UNGARIA: seminarii în Budapesta şi în alte 12 oraşe din ţară. Tel.: 06 80 624 426 (apel gratuit) sau +36 20 580 9244, Terapeuţi: Gabor Szasz şi Gyorgy Domjan, E-mail: szasz.gabor@allencarr.hu, Site Internet: www.allencarr.com

ALTE PUBLICAŢII ALE LUI ALLEN CARR

Metoda revoluţionară a lui Allen Carr, Easyway, este disponibilă într-o mare varietate de formate, inclusiv în variantă digitală, audiobookuri şi e-bookuri, şi a fost aplicată cu succes la o gamă largă de subiecte. Pentru mai multe informaţii despre publicaţiile Easyway, vizitaţi www.easywaypublishing.com.